LE COLPORTAGE

L'INSTITUTEUR PRIMAIRE

ET LES

LIVRES UTILES DANS LES CAMPAGNES

PAR

M. E.-A. DE L'ÉTANG

PARIS

IMPRIMERIE PARISIENNE. — DUPRAY DE LA MAHÉRIE

5, IMPASSE DES FILLES-DIEU.

—

1865

LE COLPORTAGE

L'INSTITUTEUR PRIMAIRE

ET LES

LIVRES UTILES DANS LES CAMPAGNES

IMPRIMERIE PARISIENNE. — DUPRAY DE LA MAHÉRIE

Impasse des Filles-Dieu, 5 (boulevard Bonne-Nouvelle, 26).

LE COLPORTAGE

L'INSTITUTEUR PRIMAIRE

ET LES

LIVRES UTILES DANS LES CAMPAGNES

PAR

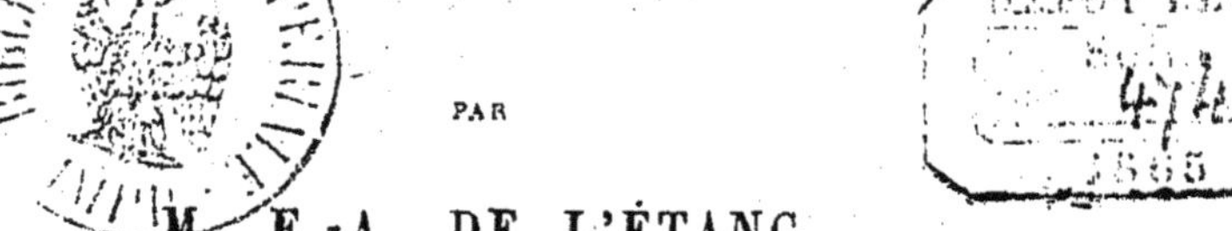

M. E.-A. DE L'ÉTANG

PARIS

IMPRIMERIE PARISIENNE. — DUPRAY DE LA MAHÉRIE

5, IMPASSE DES FILLES-DIEU.

1865

Le travail qui fait l'objet de cette brochure, remis
le 21 février dernier à S. Exc. M. le Ministre de l'Instruction publique, n'est pas destiné à être publié avant
plusieurs mois; le lecteur est donc prié instamment de
le considérer comme étant confidentiel pour le moment,
et de vouloir bien le renvoyer à l'auteur avec critiques
et observations,

Rue Demours des Ternes, 1.

Si la brochure doit être renvoyée sous bande par la
poste, un timbre de 25 cent. est suffisant; mais, dans ce
cas, elle ne doit porter aucune annotation écrite à la main
autre que le nom et l'adresse ci-dessous :

DE LA SOCIÉTE

POUR LA

PROPAGATION DES CONNAISSANCES UTILES

ET DE LA

VENTE DANS LES CAMPAGNES DE LIVRES PRATIQUES

PAR

L'INSTITUTEUR PRIMAIRE

> « Gouverner n'est-ce pas avant tout diriger les intelligences ? »

I

L'impulsion considérable donnée à l'enseignement primaire par le Gouvernement, depuis quelques années, n'a échappé à personne; mais, à côté des nouveaux projets qui sont encore, dit-on, à l'étude et qui engagent, il faut bien le reconnaître, tous les intérêts moraux de la société, on se demande s'il ne serait pas de la plus haute importance que le Gouvernement préparât aussi des aliments nouveaux à ce nouvel état de la société, et si, après avoir développé les appétits de l'intelligence, il n'y aurait pas lieu de fonder, avec le concours des hommes éclairés, par toute la France, une association susceptible de compléter et de diriger ce développement intellectuel, en mettant à la portée des classes ouvrières les *livres spéciaux* et *à bon marché* qui leur manquent.

Que peut, en effet, l'école si, au sortir de ses bancs, l'adolescent, livré à lui-même, ne trouve sous sa main que des livres sans utilité pratique, que des œuvres d'imagination travestissant l'histoire, faussant la vie réelle et répandant l'erreur, toujours séduisante, plus vite que la raison, toujours sérieuse!

On pousse à l'instruction proprement dite et on néglige l'application des connaissances acquises. Il en résulte qu'à mesure qu'un degré d'instruction est donné aux hommes de la classe ouvrière, ceux-ci ne trouvant autour d'eux aucune initiation possible à la science pratique, se hâtent de quitter leur profession et leur village. Voilà alors toute une génération qui ne retournera plus à l'agriculture! Après leur avoir donné un premier degré d'instruction, c'est donc faciliter et faire naître l'émigration des campagnes et de l'atelier que de ne pas leur fournir immédiatement les moyens de compléter leur éducation professionnelle, et de s'initier aux progrès des sciences appliquées.

En un mot, c'est fausser le résultat qu'on voulait attendre si, à mesure qu'une instruction superficielle et sans spécialité est donnée à l'homme du peuple, vous provoquez l'abandon de sa profession, de sa famille, et faites naître en lui l'espoir que ce déclassement subit doit, à lui seul, améliorer son sort. Que les génies relatifs partis des rangs inférieurs de la société et préparés par les premiers éléments de l'instruction, puissent parvenir sans distinction et trouver partout aide et assistance, rien de mieux; mais, sous prétexte d'aider à l'avancement des masses, de vulgariser la science, gardons-nous cependant de pousser trop aux hautes études, car la conscription universitaire enlève tous les jours à l'industrie et à l'agriculture plus de bras utiles que la conscription militaire. Nous mourons en France de hautes études.

En Angleterre, au contraire, elles sont si chères, que la généralité n'y atteint pas; elle n'y pense même pas, et ses prétentions ne vont pas au-delà des connaissances pratiques et vraiment utiles.

Il est un fait constant, qu'on retrouve dans les mémoires de tous les hommes qui se sont élevés par leurs propres efforts, soit dans les sciences, soit dans la littérature, c'est que la plus grande difficulté qu'ils ont rencontrée aux débuts de leurs carrières a été celle de se procurer des livres. N'oublions pas cet enseignement, qui va faire toute la base de notre combinaison.

Dans l'industrie, les hommes les plus considérables se sont réunis pour fonder de grands établissements financiers qui, en aidant puissamment au développement des affaires en général, ont apporté aux classes ouvrières une augmentation de travail et, par conséquent, de bien-être inconnus jusqu'à ce jour. Pourquoi les hommes de cœur et de prévoyance ne réuniraient-ils pas aussi leurs efforts et leurs ressources pour fonder également une sorte de *Crédit intellectuel* destiné :

A aider au développement et à la vulgarisation, parmi les masses, des éléments de la civilisation et des progrès de la science moderne, au moyen de livres et documents spéciaux. Et, à cet effet,

A venir en aide aux écrivains, comme aux éditeurs, en leur facilitant :

Et les moyens de composer ou de publier ces livres utiles à un prix tel qu'ils soient à la portée des situations les plus modestes ;

Et les moyens de donner à ces livres utiles un écoulement assuré et considérable, en les faisant parvenir, par une combinaison nouvelle, jusqu'aux populations qu'ils n'auraient pas pu atteindre sans son concours.

La lecture, qui n'était autrefois qu'un privilége en quelque sorte, est devenue de nos jours un besoin universel, et la presse journalière, après avoir préparé les voies, ne suffit déjà plus aux exigences des esprits. Les livres qui naguère n'étaient destinés qu'à certaines classes, qu'on appelait éclairées, pénètrent chaque jour dans une couche nouvelle de la société.

Le moment est donc favorable pour mettre à profit cette disposition générale des masses et, après leur avoir enseigné à lire, hâtons-nous de mettre dans leurs mains des livres sains et utiles. Portons toute notre attention sur ce moyen de civilisation et d'apaisement, qui nous permet de pénétrer dans l'atelier comme dans les campagnes les plus reculées. Un bon livre est le symbole de la plus paisible et de la plus féconde des révolutions, a dit dernièrement, avec beaucoup de raison, M. J. Simon !

II

Dans son admirable analyse des nouvelles conditions de la société, M. de Tocqueville s'exprime ainsi : « Je sais bien qu'on » ne saurait fonder de nouveau dans le monde une aristocratie ; » mais je pense que les simples citoyens, en s'associant, peu- » vent constituer des êtres très-opulents, très-influents et très- » forts. On obtiendrait de cette manière plusieurs des avan- » tages politiques de l'aristocratie sans ses dangers. »

Il est évident qu'une association qui ne meurt pas, une association d'hommes, même égaux, forme un faisceau de puissance et de force susceptible de poursuivre des réformes qu'on ne peut amener qu'avec de longs efforts, et de résister au temps, qui emporte trop souvent ce que les hommes isolés avaient cru fonder pour lui. Les associations qui poursuivent un but d'intérêt public sont, par conséquent, admirablement appropriées à une société dont les membres ne sont plus unis entre eux par aucun lien de classe ou de corporation.

C'est donc à l'association, comme représentant des intérêts

communs et étrangers, en général, aux partis politiques ou religieux, que nous entendons demander la force nécessaire pour propager parmi les classes illettrées les doctrines et les connaissances pratiques qui doivent véritablement servir à leur avancement réel et non à leur brusque déclassement.

« On parle souvent de l'Angleterre, disait M. de la Guéron-
» nière au Sénat, dans la séance du 18 mars 1864 ; mais, qu'il
» me soit permis de le rappeler, en Angleterre les personnages
» les plus considérables, les membres de la Chambre des lords
» eux-mêmes, ne craignent pas de se mettre à la tête de cette
» propagande intellectuelle de la moralité publique. Pourquoi
» n'en ferions-nous pas autant? Je crois que l'Etat lui-même a
» mieux à faire, sous ce rapport, que ce qu'il fait, et qu'il doit
» encourager le bien peut-être avec plus d'activité et plus d'ini-
» tiative.. .. »

Aux Etats-Unis, comme en Angleterre, on s'associe pour répandre des livres, pour créer des écoles, pour mettre en lumière une vérité, pour développer un sentiment, ou pour combattre un préjugé, ou même une passion (1). Pourquoi, dirons-nous aussi, instruits par l'expérience des peuples que nous venons de citer, ne convierions-nous pas également tous les hommes de sens, quelle que soit leur opinion politique ou religieuse, à entrer dans une grande association ayant pour but d'éclairer les masses au point de vue social, et de faire pénétrer parmi elles, peu à peu, au moyen de petits livres populaires et à bon marché, conçus d'après un plan déterminé, des notions saines et de conciliation ré-

(1) En 1736, le Parlement anglais défend la vente du genièvre ; le lendemain, les apothicaires et les charlatans le vendent sous forme de médicament, et le gouvernement est impuissant à arrêter la passion du peuple pour l'ivrognerie.

Un siècle plus tard, en 1828, une société, sans autre puissance que celle de la conviction, se forme sous le titre de *Société de Tempérance*, et arrête seule, et sans gendarmes, la passion de l'ivrognerie.

pondant aux besoins intellectuels, développés chaque jour par l'enseignement primaire.

Il s'agit maintenant de rechercher sur quelles bases l'association que nous proposons devra se constituer; comment elle pourra, sinon créer elle-même, du moins préparer la création de ces livres tout spéciaux, qui, malheureusement, manquent encore en France, et comment elle les fera ensuite parvenir dans les mains des classes laborieuses.

Voyons d'abord comment ont agi les peuples qui nous ont précédés dans cette voie.

III

SOCIÉTÉS ANGLAISE ET AMÉRICAINE.

Tout le monde sait l'influence heureuse qu'a eue, il y a trente ans, en Angleterre, la *Society for the diffusion of useful Knowledge*. Science, industrie, morale, histoire, économie politique, elle a tout vulgarisé et mis tous les progrès et les découvertes modernes à la portée des classes les plus pauvres et les plus ignorantes. Une quantité innombrable de petits livres sérieux, mais pleins d'intérêt, écrits par les hommes les plus considérables, avec la simplicité qui caractérise le peuple anglais, sont allés, par les soins de cette Société, porter les notions les plus pratiques dans les centres industriels comme dans les campagnes, et la Société a ainsi contribué au-delà de ce qu'elle-même pouvait attendre, soit à l'apaisement des esprits dans les moments d'agitation, soit à l'avancement moral et intellectuel des masses en général.

Son but principal consistait à procurer des connaissances aux gens sans éducation, et à élever le niveau des connaissances de ceux qui n'avaient qu'une éducation imparfaite.

Pour atteindre ce but, elle appliqua la première à la publication des livres de la science moderne le principe du bon marché, déjà en usage dans d'autres branches du commerce, et, dégagée de toutes vues de spéculation, elle réduisit jusqu'aux dernières limites le prix des ouvrages utiles à la généralité, et les répandit dans le public par tous les moyens possibles.

La Société, se composant de membres appartenant à des sectes religieuses différentes, et se proposant, en outre, de s'adresser elle-même à la généralité, sans dictinction de secte, avait exclus de ses publications toutes les questions qui pouvaient entraîner des différences d'opinions religieuses, convaincue d'ailleurs que les divers corps religieux sauraient traiter ces questions délicates beaucoup mieux qu'elle n'eût pu le faire elle-même.

Les Statuts interdisaient à tous les membres de faire ou de retirer aucun profit quelconque des publications de la Société ; tout ce que celle-ci pouvait faire, c'était d'appliquer les bénéfices provenant d'un ouvrage à couvrir les pertes résultant d'un autre ouvrage. C'est ce principe, ruineux pour un éditeur, quand il est employé par imprévoyance, et que les associations désintéressées peuvent seules adopter comme règle, qui permit à la Société de mettre à la portée du grand nombre une masse de connaissances précieuses qui n'appartenaient autrefois qu'au petit nombre, et que la spéculation proprement dite eût été impuissante à propager.

La méthode habituelle adoptée par la Société pour la publication de ses livres, consistait à s'assurer le concours des auteurs. Ceux-ci présentaient d'abord leur plan à l'examen d'un comité spécial, qui revisait le manuscrit et les épreuves. Il arrivait parfois, cependant, que la Société traitait avec un éditeur, qui suivait la publication de l'ouvrage qu'elle lui confiait, mais toujours, néanmoins, sous la surveillance du comité. Quant aux produits que la Société retirait habituellement de ses ouvrages, ils se composaient d'une redevance que lui payait l'éditeur pour la libre disposition du manuscrit, proportionnellement au prix vénal de l'ouvrage et au chiffre de l'édition.

Jusqu'à l'époque où parut, en Angleterre, *la Société des Connaissances utiles*, tout homme ayant besoin d'une certaine instruction élevée, et ne disposant que de faibles ressources, était dans l'impossibilité de se procurer aucun ouvrage scientifique, à moins de le payer très-cher; que s'il rencontrait cependant quelques-uns de ces ouvrages anciens descendus graduellement dans la sphère de ses moyens, il ne le trouvait non plus qu'en un format gênant; mais de manuels élémentaires spéciaux sur une branche particulière des sciences, il n'en existait aucun.

Un grand nombre des petits traités scientifiques de la *Bibliothèque des connaissances utiles* se sont vendus à plus de 25,000 exemplaires, et continuent encore à se vendre.

Le tirage du *Magasin à deux sous* s'est élevé, à une certaine époque, à près de 200,000 exemplaires, et la diminution dans la vente ne se fit sentir qu'à l'apparition d'autres publications qui permirent à l'acheteur de varier ses choix. On se fera facilement une idée de l'écoulement de cette publication, quand on saura qu'indépendamment du papier, du tirage, des droits d'auteurs et autres frais d'illustration, il fut payé plus de cinquante guinées, (1,250 francs) pour les bois d'une seule gravure.

Jusqu'à cette époque, les collections de cartes étaient un objet de luxe, et ne se trouvaient que chez les personnes riches; plus tard, il s'est vendu près de 25,000 exemplaires de quelques-unes des cartes de la Société, ce qui n'en a pas empêché d'autres de se vendre avec succès et presque au même prix.

Indépendamment de l'avantage que trouva le public dans ces ouvrages simples, clairs, bien conçus et à bon marché, les succès même de la Société firent naître d'autres avantages non moins importants par l'impulsion qui en résulta pour les publications de ce genre. Le *Magasin à deux sous* n'était pas plutôt entré dans sa voie de prospérité, que la *Société des connaissances chrétiennes* consacrait une partie de ses importants capitaux à la création du *Magasin du dimanche*, ouvrage d'un véritable mérite et de même valeur que le premier.

A la suite de la *Bibliothèque des connaissances utiles*, vint aussi, presque immédiatement, l'*Encyclopédie de cabinet* de Lardner, ouvrage différent dans la forme, mais identique, quant au fond.

Enfin, parut la *Bibliothèque des familles*, publiée par M. Murray.

L'étudiant ou l'homme laborieux qui se met aujourd'hui au travail, assisté de toutes les découvertes de la science moderne, est donc redevable de cette assistance aux hommes qui, laissant de côté toute spéculation proprement dite, ont tendu, dans le but unique d'améliorer la condition des masses, à répandre les notions qui leur sont véritablement utiles. Ces hommes seront considérés par les générations à venir comme de véritables bienfaiteurs de l'humanité, dont elles conserveront le souvenir et le nom avec reconnaissance (a). *Voir page 59.*

IV

Guidés par ces précédents, qui ont reçu du temps une consécration que rien ne peut plus infirmer, nous avons donc conçu le projet d'organiser en France, sous le nom, également, de *Société pour la propagation des connaissances utiles*, une association analogue à celle dont nous venons de parler.

Son but principal est de répandre, au moyen de petits livres populaires et à bon marché, de cartes, de journaux, plans et modèles, toutes les notions pouvant servir à l'avancement moral et intellectuel des classes laborieuses et notamment des habitants des campagnes.

A cet effet, elle publiera, ou plutôt aidera à publier, distribuera gratuitement ou fera vendre au meilleur marché possible, par le colportage ou toute autre voie, les livres ou documents quelconques composés par elle ou sous ses auspices.

Étrangère à la science proprement dite, elle n'a d'autre ambition que de venir en aide à l'enseignement primaire ; que de le compléter, en quelque sorte, et de rassurer les familles sur ses conséquences, en fournissant à la jeunesse qui aura appris à lire, des livres et des notions pratiques en rapport avec la vie de labeur des classes ouvrières et agricoles.

Œuvre de bienfaisance, à vrai dire, elle doit être aussi un terrain neutre sur lequel tous les hommes de cœur sont appelés à se rencontrer. Elle s'interdit en conséquence :

Toute discussion politique ;

Toute polémique religieuse ;

Toute spéculation commerciale proprement dite.

Sorte de *Crédit intellectuel*, tantôt elle désigne aux écrivains de son centre d'action les questions qu'elle croit devoir être traitées, et indique le point de vue où l'auteur doit se placer ; tantôt elle donne à celui-ci aide et appui dans le cours de ses travaux. Enfin, placée elle-même en dehors de la spéculation, et ne tendant qu'à élever le niveau des connaissances de la génération actuelle, elle donne soit des primes d'encouragement aux meilleurs ouvrages, soit des subventions aux éditeurs, de manière à mettre ces ouvrages à la portée des classes les plus nécessiteuses.

Dans l'un et l'autre cas, elle arrive, au moyen d'un colportage intelligent dont il va être question plus loin, à leur donner un écoulement que la plus grande publicité des journaux serait impuissante à produire.

Enfin, envisagée à un point de vue général, la Société constitue un moyen de direction inaperçue d'une puissance énorme, en imprimant à ses publications un caractère moral et d'utilité pratique approprié aux circonstances et rentrant dans un plan général concerté à l'avance.

Un esprit de bienveillance et de rapprochement pour toutes les classes entre elles devra régner dans les ouvrages publiés sous ses auspices, et tous ses efforts tendront à réconcilier le présent avec le passé.

Nous avons maintenant à démontrer par quelles voies la Société dont il s'agit fera pénétrer ses livres jusque dans les chaumières les plus isolées.

Mais avant d'entrer dans cet exposé, il est nécessaire de développer préalablement quelques considérations nouvelles qui suffiront, nous n'en doutons pas, à justifier la fondation de cette Société.

V

Personne ne contesterait les bienfaits de l'enseignement primaire si l'on n'était préoccupé des conséquences qui en découlent.

En effet, à peine sortie des leçons de l'instituteur, la jeunesse se précipite sans discernement sur les ouvrages que la spéculation met à sa portée, et elle choisit de préférence, naturellement, tous ceux qui flattent son imagination et répondent à ses passions (1).

(1) On ne saura jamais tous les ravages que le colportage des mauvais livres a faits

D'un autre côté. les éditeurs engagés comme commerçants dans des opérations de négoce et non de moralité publique, sont dominés par les exigences de leur capital et se trouvent ainsi amenés forcément à choisir la denrée littéraire la plus productive, quelle que soit d'ailleurs sa tendance.

Ce qui se vend le mieux est donc ce qu'ils éditent le plus volontiers, et si le prix d'une édition de luxe sur la *Vie de Jésus* est trop élevé pour permettre à l'ouvrage de pénétrer dans les masses, qu'à cela ne tienne! l'éditeur fera une édition populaire

pendant soixante ans parmi les classes ouvrières et les populations des campagnes.

En 1847, on comptait 3,500 colporteurs, qui répandaient par toute la France 9 millions de volumes, dont 8 millions de livres scandaleux.

Le colportage fut enfin réglementé en 1849, et soumis, en décembre 1852, à la formalité de l'estampille.

En 1861, le chiffre des estampilles accordées, tant pour livres que pour gravures, photographies et feuilles diverses, s'est élevé à 13,320,000, dont 3 millions partirent de Paris.

En 1863, le chiffre total est monté jusqu'à 18,630,462.

Les détails nous manquent pour décomposer les 18 millions d'estampilles accordées en 1863; mais les chiffres suivants, empruntés aux quatre premiers mois, qui virent appliquer cette mesure de prévoyance, permettent de juger de la tendance générale des esprits parmi les lecteurs qui ont recours au colportage :

Ouvrages d'industrie		10,299
Id.	littéraires	11,588
Id.	scientifiques	28,599
Id.	de piété	73,445
Id.	de biographie	84,563
Id.	d'histoire générale	87,511
Petits romans, contes populaires		98,673

La répartition actuelle a dû nécessairement grandir dans des proportions considérables à mesure de l'apaisement du désordre des esprits, et on comprendra aisément l'influence considérable que pourra exercer sur les choix des lecteurs des campagnes l'intervention honnête de l'instituteur primaire, transformé en colporteur intelligent.

à 1 fr., et, comme l'ouvrage ne contient aucune attaque directe à la morale, l'estampille du gouvernement ne pourra lui être refusée, et la boîte du colporteur transportera « ce bienfait » jusque dans les campagnes, pour le vendre à la sortie de la messe, sans crainte de l'autorité, devant l'église même de la commune.

Il y a donc une mission à remplir, une place à prendre entre la jeunesse, ou, pour mieux dire, entre les populations inexpérimentées et les séductions de la spéculation.

D'immoral qu'était d'abord le colportage, il s'est fait socialiste quand son intérêt le lui a commandé; demain, il se fera athée s'il y a profit, et il s'arrangera de manière à ce que l'estampille obligée lui serve de passe-port. Plus vous vulgariserez donc l'instruction et plus le colportage deviendra, avec ou sans votre concours, un agent actif et puissant de librairie, et, par conséquent, de propagande. L'expérience même du colporteur, puisée dans ses rapports immédiats avec les classes qu'il fréquente, viendra au besoin stimuler l'attention de l'éditeur attardé sur les ouvrages dont le débit lui aura paru assuré (1).

Il ne suffit donc pas d'avoir réglementé le colportage, il faut encore le transformer et l'opposer comme concurrence du bien à la concurrence du mal.

(1) Il se publie maintenant en France de trois à quatre cents almanachs divers et de spécialités différentes, dont le débit varie entre cinq et six millions d'exemplaires par an, et les cinq sixièmes des autres livres vendus dans les campagnes se composent de romans, ou de vies de Mandrin et de Cartouche, et d'autres Plutarques du crime, suivant l'expression pittoresque d'un homme d'esprit, M. J.-B. Desplace. Telle est la base de la littérature du peuple, tel est le résultat suprême du colportage épuré ! La France est envahie par toutes ces œuvres d'imagination malsaines qui troublent le sens droit de l'ouvrier, faussent les notions de la vie réelle, et rendent ses conditions ordinaires inacceptables. Il n'est pas douteux cependant que la tendance des classes ouvrières pour la lecture des romans provient généralement et de l'absence de livres pratiques d'un intérêt suffisant, et de l'aridité savante des livres d'enseignement qui existent. Ces classes, au contraire, sont généralement avides d'apprendre.

Après l'enseignement élémentaire et aride de l'école, l'initiation élémentaire et intéressante aux connaissances pratiques. Tel est le but réel que se propose la *Société pour la propagation des connaissances utiles.*

VI

BIBLIOTHÈQUES POPULAIRES.

Deux moyens se présentent à la Société pour faire pénétrer ses livres et productions quelconques dans les campagnes.

Le premier consiste dans l'organisation de bibliothèques locales ;

Le second, dans l'organisation d'un colportage tout spécial, qui fait l'objet du § X.

La *Société Franklin,* pour la formation de bibliothèques populaires, fondée en 1864, semblerait tout d'abord répondre au but que nous nous proposons, et rendre inutile, par conséquent, la création d'une société nouvelle. Mais, tout en reconnaissant le mérite de son organisation, si l'on examine avec attention ses statuts, et surtout le catalogue des livres patronnés par elle, on voit bientôt que son but n'est pas le nôtre. La Société Franklin tend à constituer ou à faciliter la formation de bibliothèques partout où le besoin s'en fait sentir : le but est excellent assurément, et le temps que les lecteurs des campagnes passeront dans ces utiles établissements, sera autant d'enlevé à l'ennemi, c'est-à-dire au cabaret. Mais leur action dans les campagnes est encore trop éloignée du plus grand nombre des habitations : la composition du catalogue ne répond pas non plus à un but précis et déterminé, et la variété, ainsi que l'étendue OBLIGÉE de ce catalogue, sont même un obstacle au but que nous voudrions voir adopter.

Le lecteur des campagnes ne sait pas, la plupart du temps, ce qu'il doit lire, et s'il fait un choix, il opte presque toujours pour les ouvrages d'imagination, ouvrages d'autant plus dangereux qu'ils transportent le lecteur dans les sphères de l'impossible pour le laisser retomber ensuite de toutes les hauteurs de l'enchantement dans les tristes et dures réalités de la vie pratique! Comment veut-on, en effet, qu'un jeune ouvrier, qu'une jeune fille, surtout, puissent consentir à mener la vie monotone des champs ou de l'atelier, après avoir lu ces tableaux séduisants et imaginaires d'une vie factice vers laquelle ils vont désormais se précipiter, si, à côté de cette lecture toujours dangereuse, et qui ne doit être que l'exception, vous n'apportez pas comme palliatif l'enseignement de la vie pratique?

Les bibliothèques communales ne peuvent d'ailleurs se multiplier en assez grand nombre pour produire un effet suffisant dans les 40,000 communes de France. L'homme de loisir et d'étude lit à son heure; mais l'homme de travail ne peut lire qu'à la dérobée, en quelque sorte : l'heure, le jour, l'opportunité pour la lecture de tel ouvrage étant passés, il en résultera trop souvent que l'ouvrage dont la lecture devait être utile, ne pourra pas être lu.

En nous plaçant à un autre point de vue, nous reconnaissons qu'Hérodote, Montesquieu, Bossuet, Guizot, Cousin, Xavier de Maistre, Beaumarchais et même Homère, dont nous trouvons les noms dans le catalogue de la *Société des Bibliothèques populaires*, sont assurément des auteurs ou écrivains dignes des respects et de l'admiration de tous les temps ; mais leurs œuvres admirables, qui ont des droits incontestables à l'estampille, ne répondent pas, néanmoins, aux besoins réels des populations ouvrières, elles s'adressent à une autre catégorie de lecteurs et ne peuvent, dans tous les cas, trouver place dans la boîte du colporteur : *Non est hic locus*, et, quoi qu'en dise M. J. Simon, nous préférons « la littérature un peu niaise des Anglais pour les » ouvriers, à nos chefs-d'œuvre de l'esprit (1). »

A l'appui de notre opinion, il nous suffira de citer le passage suivant d'un rapport très-substantiel, fait par le secrétaire de la *Société des Bibliothèques communales du Haut-Rhin*, à la séance du 3 novembre 1864 :

« La liste ci-jointe, indiquant les ouvrages qui ont été lus et la
» catégorie des lecteurs pour chaque ouvrage, semble faire
» connaître le goût des lecteurs. Il n'en est pourtant pas
» tout à fait ainsi, car, en général, *ils acceptent les ouvrages* que
» le biliothécaire leur choisit. Un très-petit nombre d'entre eux
» *choisissent eux-mêmes*. Je dois cependant faire observer que le
» goût des lecteurs se prononce tellement en faveur des contes,
» romans moraux et voyages, que le bibliothécaire est forcé de
» limiter presque exclusivement ses choix…. j'ai remarqué aussi
» *qu'on préfère les traductions des ouvrages anglais.* »

De toutes les considérations qui précèdent, il résulte donc pour nous que ni le colportage épuré, estampillé, ni la *Société des Bibliothèques populaires*, ne peuvent *seuls* atteindre le but que nous nous proposons, car il ne leur suffit pas de dire qu'à la littérature honteuse de l'ancien colportage ils feront succéder la littérature honnête dans les campagnes et dans les villes.

Il leur faut d'abord et avant tout, à côté des œuvres d'imagination :

Des *livres spéciaux*, mis à la portée de lecteurs spéciaux, lesquels ont besoin de notions simples et de vérités pratiques;

---

(1) Discours prononcé à Lyon, en février dernier, devant une réunion d'ouvriers.

Ensuite il leur faut (au moins pour la *Société des Bibliothèques populaires*) le moyen d'aller au-devant du lecteur et non de l'attendre ;

Enfin il leur faut le moyen de guider utilement le lecteur, non pas comme le fait le colporteur, en vue du profit à retirer de la vente plus ou moins avantageuse de tel ou tel livre, mais en vue de l'effet le plus utile à produire pour le lecteur inexpérimenté.

Voyons maintenant comment la *Société pour la Propagation des connaissances utiles* peut atteindre ce but et comment elle se propose de procéder.

VII

LIVRES SPÉCIAUX.

Un philosophe du XVIIIe siècle prétendait qu'il y avait moins d'erreurs dans la tête d'un paysan que dans l'Académie entière, et il était dans le vrai, par la raison bien simple qu'il y a moins d'idées dans la tête du premier ! Or, nous nous croyons fondé à avancer que le nombre des livres *utiles* à mettre dans les mains de la classe ouvrière est beaucoup moins considérable qu'on serait tenté de le croire tout d'abord.

Voyons donc comment procèdent nos voisins en Angleterre. Gens pratiques avant tout, et faisant peu de cas des généralités, ils prennent toujours leur point de départ dans un fait pour aller à un autre fait. Ainsi, une idée surgit, une opinion politique ou religieuse se produit, un préjugé demande à être combattu, vous êtes assuré qu'il se présentera autant de sociétés spéciales que l'exigeront les nécessités du moment, et aucune d'elles n'aura la prétention d'embrasser des généralités. Ainsi, en 1830, les populations des comtés industriels, blessées dans leurs intérêts du moment par l'introduction de la vapeur dans les manufactures, se prennent à briser les machines. Une société se forme dans le but de les éclairer sur leurs véritables intérêts, et en vue, par conséquent, d'aider à l'avancement intellectuel de ces mêmes classes.

Elle commence par publier sous ce titre : *Des machines et de leurs résultats* (1), un petit ouvrage aussi simple qu'intéressant, et plein d'aperçus nouveaux et de rapprochements inconnus dans les ateliers. La passion du moment contre les machines fait la fortune de l'ouvrage, et, à son tour, la fortune de l'ouvrage fait ou produit l'apaisement des esprits.

Puis, la Société attend qu'un besoin nouveau se produise pour l'étudier et lui donner satisfaction.

C'est ainsi que, dans cette contrée du réalisme, on propage ou on combat en même temps dans les trois royaumes, une idée utile ou un projet dangereux. C'est ainsi, — nous ne dirons pas que le gouvernement, — mais que les classes gouvernementales préparent, dans un pays où il n'y a ni procureur du roi ni gendarmes, préparent, disons-nous, les questions politiques ou sociales, ou simplement administratives, et DIRIGENT LES ESPRITS.

L'émancipation des catholiques, la réforme électorale, le rappel des lois sur les céréales, l'établissement des caisses d'épargne et du timbre-poste, le libre échange, etc., ont été préparés et constitués en leur temps et progressivement au moyen de petits livres dont le style, aussi simple que le plan même, sont à la portée des lecteurs auxquels ils sont destinés.

____

(1) Traduit de l'anglais par M. de l'Etang.

A côté et au milieu de ces grandes questions qui passionnent les masses, la société dont nous parlons a publié, comme on l'a vu plus haut, avec le concours des hommes les plus considérables, tels que lord Brougham, lord Aukland, lord Ashley, le docteur Lardner, etc., une série de petits traités pratiques d'économie sociale, ou même de science ou d'imagination, mis à la portée de la classe ouvrière et des habitants des campagnes, et il est à peine une chaumière qui ne puisse mettre à toute heure un certain nombre de ces traités à la disposition de tous les membres de la famille.

Aussi, le voyageur arrivant du continent est-il frappé des connaissances variées et des notions d'économie politique qu'il rencontre chez le moindre ouvrier d'Angleterre.

Si maintenant nous reportons notre attention sur la France, nous trouvons assurément, dans les classes ouvrières, des mœurs différentes, des habitudes différentes (1). Mais, cependant, nous ne craignons pas de le dire, il y a aujourd'hui dans nos classes ouvrières une tendance et une disposition égales à apprendre. Il suffira, pour nous en convaincre, de rechercher combien de millions de livres se vendent chaque année par le colportage, ainsi que le nombre et le chiffre prodigieux du tirage des journaux à bon marché, et de constater l'empressement des populations pour les cours publics ou privés, pour les expositions de l'industrie et des beaux-arts, etc. (2).

(1) Il y a vingt-cinq ans qu'on essaya de vendre, comme cela se pratiquait déjà en Angleterre, les journaux à la feuille et au jour le jour : les premières tentatives échouèrent. Maintenant on compte soixante-six journaux littéraires non politiques, et tous les grands journaux politiques qui se vendent ainsi sur la voie publique. On estime même que la vente de toutes ces feuilles s'élève, pour Paris seulement, à 115,000 par jour; le *Petit Journal* entrant à lui seul dans ce chiffre pour 100,000 exemplaires.

(2) Dans son discours si substantiel du 22 avril dernier, M. Duruy, parlant

VIII

LE COLPORTAGE.

Nous exposions dernièrement à M. le Ministre de l'Instruction publique que le gouvernement anglais ayant reconnu, en 1863, que les populations rurales ne pouvaient pas profiter suffisamment des caisses d'épargne, à cause de leur éloignement, avait senti qu'il leur devait satisfaction sur cette importante question ; qu'à cet effet, il était allé au-devant d'elles en convertissant 2,863 bureaux de poste en caisses d'épargne, et que, dans l'espace de dix-huit mois, ces mêmes bureaux avaient reçu 69 millions, soit à titre de replacement, soit à titre de versements nouveaux.

Quelle logique et quel enseignement dans ce chiffre !

Pourquoi, nous aussi, ne prendrions-nous pas, en raison de l'éloignement relatif des populations rurales, notre point de départ dans ce fait pour aller à un autre fait bien plus important encore dans ses conséquences ?

Pourquoi ne chargerions-nous pas alors l'Instituteur Primaire, ce bibliothécaire né des campagnes, du colportage honnête, c'est-à-dire de la propagation des livres utiles?

des 751 cours libres qui existent aujourd'hui et des 220 sociétés savantes, s'exprime ainsi :

« A ces cours, surtout à ceux des sciences appliquées, les classes laborieuses
» ont assidûment disputé la place aux classes les plus élevées de la société, et, ne
» marchandant ni le temps, ni la patience, ont parfois, au prix d'une longue at-
» tente, occupé tous les siéges.... Des villes ont inscrit un crédit nouveau à leur
» budget pour assurer l'avenir des conférences.... et nombre de sociétés savantes
» ont appliqué à des achats d'instruments, de livres, de cartes, leurs subventions
» départementales.... »

« ....La foule est accourue, avide d'apprendre, charmée de voir ces horizons
» nouveaux s'ouvrir devant elle, heureuse enfin d'entrer en possession de vérités
» qu'elle ne connaissait pas.... »

IX

Examinons d'abord comment procède le colportage ordinaire, même amendé, et, après avoir exposé son mode d'action sur l'acheteur, voyons quelle influence heureuse nous pourrions tirer, dans les mêmes circonstances, du concours intelligent de l'instituteur primaire.

Pour combattre autant que possible l'effet déplorable d'un commerce qui, pendant trente ans, a eu pour but avoué et unique la spéculation sur les passions et l'immoralité, nous reconnaissons que le Gouvernement a exigé des colporteurs actuels certaines garanties en réglementant les conditions du colportage ; mais tant que l'intérêt privé sera en opposition avec les règlements administratifs, ce commerce, secret par sa nature, leur échappera, et le mal se propagera d'autant plus qu'il devra être plus habilement et plus spirituellement présenté.

Et, d'ailleurs, n'est-il pas de la dernière évidence et dans la nature même de ce commerce tout spécial qui s'adresse aux classes illettrées et ignorantes, qu'il ne peut réussir qu'en spéculant sur les idées fausses, à défaut des idées d'immoralité patente? C'est donc en vain qu'on espère mettre en même temps dans la main du colporteur nomade l'antidote à côté du poison ; tant qu'il pourra se procurer un livre mauvais rapportant bénéfice, il s'en approvisionnera. Par sa nature, *comme par ses intérêts*, cet homme ne peut jamais contribuer à un résultat moral !

La nécessité de longues marches, et par tous les temps, exige qu'il soit fortement constitué. Cet exercice à l'air libre, l'absence de tout souci de rapports, lui composent une vie à part, privée de toutes relations régulières. Il suit les grandes routes et établit ses stations dans chaque cabaret. Ses rapports avec les habitants des villages sont transitoires et temporaires. Il n'en reste aucune trace pour lui, et il est naturellement indifférent sur l'effet que peut produire sa marchandise dans l'esprit des acheteurs.

Maintenant, en regard de ce tableau, un peu sombre, il est vrai, mais trop exact, plaçons pour un moment celui de l'instituteur primaire dans les campagnes.

X

L'instituteur offre à la société des garanties de moralité et d'instruction relatives. Il a le respect pour ses chefs et certaines notions de hiérarchie sociale. Sa vie douce et régulière se passe au milieu d'une population qu'il a vu grandir la plupart du temps, et qu'il continuera sinon à diriger, du moins à conseiller.

Il a, lui, des racines dans le pays; il est donc intéressé à la propagation des bons principes, et la légitime espérance d'un certain avancement, qui dépend de sa bonne conduite, répond de son zèle à l'autorité.

Son contact journalier avec les enfants lui permet de connaître l'esprit des divers membres de la famille et de distinguer par conséquent les aptitudes ou les aspirations de chacun. Son influence dans le choix des livres qu'il pourrait propager serait donc intelligente et considérable.

L'instituteur a deux jours de liberté dans la semaine et plusieurs heures disponibles dans la journée; ces moments de loisir sont généralement consacrés aux soins d'un petit jardin. Pourquoi n'utiliserait-on pas plus avantageusement tous ces intervalles laissés à l'instituteur, en le chargeant de la propagation et de la vente d'une certaine nature de petits livres appropriés autant que possible aux besoins de la contrée, et destinés à vulgariser, sous des formes simples, les découvertes de la science ou les notions pratiques que l'école n'a pas pu enseigner? Allant ainsi au-devant des aspirations incontestables de la génération actuelle, le Gouvernement donnerait aux populations rurales les aliments intellectuels qui leur manquent et qu'elles sont trop souvent obligées d'aller chercher à la ville.

En Prusse, le maître d'école est l'objet de soins particuliers : les écoles normales sont le levier de la puissance du gouvernement, et l'instituteur est la pierre fondamentale de l'édifice social!

Il est incontestable que, prises dans des conditions égales, les populations rurales, dans toute l'Allemagne, comme en Angleterre, sont plus avancées qu'en France sous le rapport de l'instruction. D'où vient cette différence ?

De la *nature* de la littérature populaire, comme aussi du soin que les classes éclairées mettent à multiplier et à répandre en nombre considérable les livres utiles et sérieux.

Eh bien, c'est à cette grande et généreuse mission que nous convions en France tous les hommes de prévoyance et de sens politique ! « Quand vous voudrez, nous l'étudierons ensemble, » disait au Sénat, il y a deux ans, un de ses membres les plus distingués. Eh bien, le temps est venu, et nous demandons au Sénat, comme au Corps législatif, comme au Conseils généraux et au Gouvernement, de porter leur attention la plus sérieuse sur cette grave et urgente question. Encore une génération, deux générations au plus, et il serait trop tard !

On remarquera que dans nos diverses combinaisons, nous ne touchons jamais à la question religieuse, si délicate par sa nature, et qui d'ailleurs appartient à un ordre et à un mode d'enseignement tout spéciaux.

Pour arriver à l'exécution complète de notre combinaison, nous avons déjà demandé au gouvernement de vouloir bien autoriser les instituteurs primaires dans les campagnes, à nous donner leur concours et de comprendre même dans les récompenses qu'il accorde généralement à leur bonne conduite et à leur dévouement, la *faveur* de vendre, — sous certaines conditions à déterminer, — les livres qui seront publiés sous le patronage de la *Société pour la propagation des connaissances utiles.*

Cette faveur serait :

Pour l'avancement moral des populations isolées un avantage dont il est facile de calculer toutes les conséquences ;

Pour les instituteurs, une source de bénéfices très-appréciables dans la position étroite où ils vivent ;

Pour la *Société,* une sorte d'adhésion de la part du Gouvernement, une sorte de subvention qui lui permettrait de répandre en plus grand nombre, et à meilleur marché, des livres utiles.

Enfin, si nous envisageons la question au point de vue social, elle sera un moyen considérable d'influence qui permettra de faire pénétrer dans les classes ouvrières et partout dans les campagnes, les notions saines d'économie politique qui leur manquent. Elle fournira surtout le moyen de donner à la démocratie rurale la direction dont les utopistes révolutionnaires ou socialistes cherchent incessamment à s'emparer !

Quelques réductions de prix dans les frais de transports, accordées par la poste et les chemins de fer et l'exemption pour les instituteurs primaires des droits de patente pour colportage, etc., viendraient aussi, sans doute, en aide aux intentions de la Société.

XI

CONSÉQUENCES, AU POINT DE VUE COMMERCIAL, DU NOUVEAU
COLPORTAGE.

Dans un très-remarquable rapport adressé au Gouvernement,
en 1854, par la commission permanente du colportage, nous trou_
vons les réflexions suivantes, qui nous paraissent applicables à
nos vues sur l'intervention des instituteurs primaires :

« Il est bien entendu que ce n'est pas le Gouvernement qui
» se ferait entrepreneur de librairie ; c'est son appui moral seule-
» ment qu'il aurait à donner dans l'intérêt de cette vaste propa-
» gande qui se ferait sous son contrôle.

» Ainsi, sans détruire aucune concurrence sérieuse, sans por-
» ter préjudice à aucun droit établi, cette organisation aurait pour
» résultat d'alimenter le colportage de publications morales et
» utiles, et d'étouffer la concurrence du mal par la concurrence
» du bien.

» La librairie y trouverait une immense source de produits,
» car l'exemple qui serait donné d'en haut, sous l'impulsion de
» l'autorité, aurait bientôt de nombreux imitateurs, et, l'intérêt
» particulier se conciliant avec l'intérêt social, cette grande ré-
» forme s'accomplirait sans obstacle par tous et au profit de
» tous.

» Mais ce n'est pas seulement la librairie qui recueillerait les
» profits de cette organisation : le travail intellectuel, la littéra-
» ture, la science en auraient aussi leur large part. Le colpor-
» tage ouvrirait un débouché nouveau et immense aux auteurs.
» Il leur donnerait tout à la fois la renommée et la fortune. Ce

» n'est plus à 1,000 ou 2,000 exemplaires que se tirerait un bon
» livre, mais à 100,000 exemplaires, et, au lieu de la publicité
» restreinte que lui donnent à peine l'étalage du libraire et les
» annonces dans les journaux, il aurait la publicité universelle
» de la France entière; il serait lu par tous ceux qui savent
» lire. »

Déjà, en effet, des offres très-avantageuses nous sont faites par
une maison importante et honorable de Paris, qui propose de
faire, elle seule, les avances nécessaires à la publication des
douze premiers petits volumes que la *Société* croira devoir répandre.

Deux conséquences considérables doivent inévitablement res-
sortir de ce mode nouveau de propagande intellectuelle :

La première, c'est qu'il n'est pas un éditeur important qui
ne fût heureux d'entreprendre ces publications à bon marché en
vue de la notoriété et de la considération qu'elles lui apporte-
raient;

La seconde, c'est qu'avec les ressources pécuniaires que devront
produire et les cotisations des sociétaires, et la vente immense,
même à prix réduit, des publications de la Société (1), celle-ci
n'aura plus à demander que quelques subventions ordinaires aux
grands corps de l'Etat, en faveur d'une œuvre privée, il est
vrai, mais d'intérêt général pour la France entière.

XII

Les bons exemples, de quelque côté qu'ils nous viennent, sont

(1) La commission permanente du colportage estimait, en 1853, le produit an-
nuel du colportage à 6 millions de francs; il a dû s'accroître dans une proportion
considérable depuis douze ans.

toujours bons à étudier (*Voir notes* b *et* c, *pages 40 et 41*); nous avons donc
cru pouvoir joindre à cette étude sur la propagation des connaissances utiles en France quelques détails sur la manière dont le
peuple américain entend et propage l'enseignement à tous les
degrés et sous ses formes les plus diverses.

L'éducation est une question sociale aux États-Unis, et il est
admis en principe que la Société doit défendre tout citoyen
contre l'ignorance, de même qu'elle le défend contre le vol et
l'assassinat. Presque tous les États ont une dotation spéciale,
un *School fund*, dont les revenus sont affectés à l'encouragement et au développement de l'instruction publique. Partout les
écoles sont complétement indépendantes du pouvoir fédéral et
de l'État, et l'éducation, qui touche de si près au cœur de la
famille, est considérée comme étant essentiellement du ressort
de l'autorité communale, attendu que celle-ci est plus près de la
famille.

Au degré inférieur, l'éducation est déclarée obligatoire et elle
est réglée par la commune;

Au degré supérieur, l'éducation se règle au gré des individus.
Les écoles sont généralement surveillées par un *prudential com-
mittee*. Les principaux membres de la commune sont appelés,
à tour de rôle, à participer à la direction de l'enseignement,
comme on appelle chacun à participer au jury. Les Américains
ont même transporté l'idée du jury jusque dans l'intérieur de
l'école, où beaucoup de questions sont décidées par le verdict
même des élèves.

Le comité dresse chaque année le programme des études, désigne les livres admis et nomme les professeurs de l'année scolaire. Le traitement de ces derniers est généralement très-élevé.
Parmi les meilleurs élèves, le comité en choisit aussi quelques-
uns dont il paye plus tard les frais d'apprentissage, à titre de
récompense.

Les écoles qui se sont le plus distinguées sont appelées à participer au fonds d'encouragement généralement affecté à cet objet.

Chacun se fait un point d'honneur, aux États-Unis, d'aider d'une manière quelconque à l'enseignement public, et le testament d'un homme riche qui ne contiendrait pas un legs pour une école serait considéré comme très-extraordinaire.

Le conseil municipal de chaque commune vote tous les ans le budget de ses diverses écoles : les taxes destinées à leur entretien sont directes, c'est-à-dire qu'elles pèsent sur la propriété même, que le propriétaire ait ou n'ait pas d'enfants.

Aucune commune, nouvellement fondée, ne peut être légalement reconnue avant qu'elle ait pris l'engagement d'établir une école et de fournir à ses besoins. Les tribunaux condamneraient à l'amende toute commune qui négligerait de pourvoir à cette nécessité d'ordre social.

L'État du Massachussetts, qui ne comptait pas plus d'un million d'habitants, il y a quelques années, consacrait déjà tous les ans 5 millions de francs à l'instruction publique.

Boston, sa capitale, comptait, en 1857, 211 écoles primaires entretenues aux frais de la ville, et recevant 12,733 élèves.

L'État du Tennessee consacrait 6 millions au même but, en 1849.

Enfin, l'État de New-York, avec une population de 2 millions d'âmes, y appliquait, en 1835, une somme de 5,400,000 francs, répartie entre 11,000 écoles.

Chez un peuple qui s'impose de pareils sacrifices pour développer l'instruction publique, il est impossible que les instituteurs ne soient pas entourés de soins, et d'égards tout particuliers et ne jouissent pas d'avantages pécuniaires en rapport avec cette position. La situation qui est faite, en France, à nos instituteurs primaires, est loin assurément de répondre à celle qui leur est faite aux États-Unis; toute mesure qui tendra donc à l'améliorer nous paraît mériter l'attention la plus sérieuse du Gouvernement et surtout des Conseils généraux (1). En effet, c'est à ces assemblées locales, à ces conseils de famille, en quelque sorte, que doit incomber particulièrement le devoir d'aider à l'avancement de la famille rurale et ouvrière. Leur attention, portée d'une manière toute spéciale dans cette voie, pourrait amener les conséquences politiques les plus considérables pour la réconciliation des partis.

En Amérique, les lectures publiques viennent aussi en aide à l'instruction publique et contribuent, d'une manière notable, à répandre le goût de la science. Les hommes les plus élevés ne dédaignent pas de se faire *lecturers* pour répandre une idée ou préconiser une réforme. L'*Association américaine pour la propagation des sciences*, sorte d'académie nomade dont le siége varie chaque année, va également tenir les assises de la science dans tous les États qui composent l'Union, et porter l'influence de ses lumières jusqu'au sein des populations les plus éloignées des centres intellectuels

On remarquera le soin avec lequel les Américains, comme les Anglais, entendent ce qu'ils appellent la *diffusion* des lumières et l'amélioration de la condition des classes ouvrières. Ils ne se contentent pas d'exercer leur influence dans les grandes villes; ils vont au-devant des populations les plus éloignées et surtout des habitants des campagnes ; tantôt, comme nous le disions au début de ce travail, en convertissant les bureaux de poste en caisses d'épargne plus rapprochées d'eux, tantôt en portant jusque sous les chaumières les notions et découvertes de la science pratique, au moyen de petits livres populaires écrits par les

(1) On assure que MM. Carnot, Guéroult, Havin, J. Simon et Planet viennent de déposer au Corps législatif un amendement au budget de 1866, qui consiste dans un emprunt de 140 millions pour assurer et développer les divers services de l'instruction primaire.

hommes les plus distingués, et propagés par les personnages les plus considérables de l'État, réunis en associations spéciales. Pour eux tout événement susceptible d'aider par un côté quelconque à la propagation de l'instruction est saisi avec empressement, et ils savent faire tourner à son avancement les malheurs qui viennent trop souvent suspendre le travail chez les populations ouvrières, en employant leur inaction forcée à recevoir une instruction qu'elles n'avaient pu acquérir en temps de prospérité.

On en jugera par les détails suivants, que nous empruntons à un travail remarquable publié, il y a dix-huit mois, par M. E. Forcade :

En 1860, pendant que la crise cotonnière sévissait avec rigueur partout le Lancashire, d'anciennes filatures furent converties en écoles, et les ouvriers valides non occupés, hommes comme femmes ou enfants, étaient tenus, pour avoir droit aux secours des comités d'assistance, de se rendre cinq jours sur sept à ces écoles pour y apprendre à lire, à écrire, à compter, ou bien pour apprendre à coudre et à faire certains travaux accessoires.

Ces écoles, entretenues avec les fonds de l'association pour le soulagement des ouvriers sans travail, étaient généralement dirigées par les ministres des diverses églises, s'entraidant cordialement dans une entreprise commune. Le curé catholique, dont les ouailles s'élèvent à plus de 11,000, et l'archidiacre anglican, siégent encore ensemble dans le comité de Blackburn. L'instruction religieuse, toujours donnée à part, est donc interdite dans ces écoles, où les ouvrières sont reçues sans aucune distinction de croyance.

Dans certains cas, les ouvriers sans ouvrage, déjà secourus par le comité de l'assistance, sont attirés à ces écoles par l'assurance d'un dîner gratuit ou même d'une tasse de thé. Leur admission est laissée au vote même de la généralité, et tout ouvrier dont la conduite dans l'école est suspecte, en est expulsé de la même manière.

Mais ce qui démontre jusqu'à quel point la classe ouvrière, parmi les peuples d'origine saxonne, comprend l'importance de l'instruction, c'est que pendant le cours de ce chômage si prolongé du Lancashire, la Nouvelle-Galles du Sud, cette patrie des *convicts*, a envoyé en Angleterre 400,000 francs provenant de souscriptions privées et uniquement affectés à l'entretien des *écoles d'ouvriers sans travail !*

On ne saurait s'empêcher d'admirer cet échange continuel de soins et de bons offices entre les différentes classes en Angleterre, et ce calme raisonné avec lequel les populations ouvrières supportent sans haine et sans envie, contre les classes mieux partagées, les maux dont personne n'est coupable.

XIII

C'est en vue de ces enseignements et des considérations que nous avons exposées dans le cours de ce travail, que nous voulons aussi constituer en France une association qui, marchant suivant une direction inaperçue, et d'après un plan toujours concerté à l'avance, puisse étendre son action civilisatrice et conciliante jusque dans les campagnes, si délaissées jusqu'à ce jour; car c'est là, à vrai dire, que siége le suffrage universel, qui nous touche tous !

Une association qui, à la concurrence du mal, qui, à l'influence délétère du colporteur, « ce malfaiteur de la pensée, » puisse opposer la concurrence du bien et l'influence salutaire de l'Instituteur Primaire, ce bibliothécaire relativement éclairé des campagnes.

Une association qui, placée en dehors de toute spéculation et se recrutant dans tous les grands corps de l'État, dans les professions les plus diverses, dans le clergé comme dans l'armée et la magistrature, dans les conseils municipaux et les conseils généraux, puisse faire converger les intelligences d'élite vers un but éminemment chrétien, vers l'avancement moral et intellectuel des populations ouvrières, en *élevant le niveau de l'instruction primaire*.

Aux époques de transition, et dans une contrée bouleversée comme la nôtre, par tant d'utopies déplorables et par tant de malentendus, il faut reprendre la société par sa base : ce n'est donc pas trop s'avancer que de dire que l'Instituteur Primaire est la pierre fondamentale de l'édifice social, et que gouverner, c'est avant tout diriger les intelligences.

Imprégnés comme nous le sommes de l'antique civilisation romaine, nous avons payé en France, à la fin du dernier siècle, les torts à jamais déplorables qu'elle nous avait transmis. La société païenne, composée de castes diverses qui, plus tard, furent converties, dans une partie de l'occident de l'Europe, en trois ordres différents, base de ce qu'on a appelé l'ancien régime, fut pour nous, en France, une cause fatale d'animosités et de malentendus qui ont retardé la marche de la civilisation et l'avénement des gouvernements modernes. Le bien-être des masses, l'élévation ou l'éducation des masses, sont une seule et même idée, née avec la société chrétienne, idée qui a mis près de deux mille ans à aboutir à l'état d'opinion publique, et qui a été et sera peut-être longtemps encore le plus grand problème révélé au monde par le christianisme !

RÉSUMÉ

Dégagé de toutes vues personnelles, nous nous bornons en ce moment à recueillir, comme fondateur, de simples adhésions au plan général de la Société, en vue de constituer un comité de patronage qui discutera lui-même le mode d'exécution à adopter, et formulera ensuite, près de S. Exc. M. le Ministre de l'Instruction publique, un projet définitif.

Après cette constitution, il sera nommé une commission composée du Bureau de la Société et de membres spéciaux, laquelle aura à arrêter :

1° Les statuts d'une Société ayant pour but d'aider à l'avancement moral et intellectuel des classes ouvrières au moyen de livres, cartes et publications à bon marché auxquels elle croira devoir accorder son initiative ou sa coopération;

2° Le mode de coopération à proposer aux auteurs et éditeurs, ainsi que le système de subvention à leur allouer en principe ;

3° Le mode de concours à réclamer des Instituteurs Primaires, ainsi que les avantages à leur allouer à ce sujet ;

4° A demander, à cet effet, l'assentiment et l'appui préalables des Ministères de l'Intérieur et de l'Instruction publique.

5° A déterminer la nature et l'importance des subventions et du concours qui pourront être demandés par la Société aux diverses corporations de l'État.

6° A indiquer la nature et le mode des primes que la Société pourra allouer aux meilleurs livres composés ou traduits en dehors de son action;

7° Enfin, à déterminer les encouragements à allouer aux Instituteurs Primaires dont le concours aura été le plus utile à la Société, et les subventions à accorder aux élèves de tout âge qui, persévérant dans leur profession première, s'y seront le plus distingués.

NOTES

(*a*) La *Société anglaise pour la propagation des Connaissances utiles* a publié ou présidé à la publication de cent soixante-huit ouvrages différents, dont nous donnons ici la nomenclature à peu près complète :

1° La *Bibliothèque des Connaissances utiles*, formant une collection de petits traités sur diverses natures de connaissances, telles que mathématiques simples, physique, histoire, biographie et géographie. Ces ouvrages comprennent à peu près tout ce que ces sciences enseignent, en s'élevant jusqu'aux questions les plus abstraites. La collection comprend, en outre, des traités spéciaux sur chaque branche de la physique, combinés de manière à présenter l'instruction sous les formes les plus élémentaires. Elle se compose de trois cent soixante petits traités.

2° La série des fermiers renferme les ouvrages traitant des chevaux et des diverses espèces de bestiaux ; de la manière de planter les arbres ; des fermes en général, du matériel qui leur est propre et d'autres sujets concernant l'agriculture.

3° La *Bibliothèque des Connaissances amusantes*, qui consiste en forts volumes avec nombreuses illustrations : elle réunit l'histoire, la biographie, la géographie descriptive de l'antiquité, et l'histoire naturelle mise à la portée du peuple.

4° Le *Journal de l'éducation*, en 100 volumes.

5° *Le Magasin à 2 sous* : 9 volumes.

6° *L'Encyclopédie à 2 sous* : 21 volumes.

7° Une collection à peu près complète de cartes géographiques se composant de 200 cartes environ, ou plans de grandes villes. Ces cartes sont dressées d'après les documents les plus récents et les meilleurs et sous la direction de la Société.

8° Cartes astronomiques ou célestes.

9° Galerie de portraits des hommes éminents, gravés d'après les originaux ou d'après des copies authentiques, avec mémoires : 7 volumes.

10° Almanachs, etc., depuis l'année 1828 jusqu'en 1842 inclusivement.

11° *Le Compagnon de l'ouvrier.*

12° La *Bibliothèque de la jeunesse.*

13° Les lois constitutives de l'Empire Britannique.

14° Traités sur les sociétés de secours et les rentes viagères. Manuel pour les associations d'artisans, suivi d'un rapport sur leur état actuel et à venir.

15° Série de traités sur les divers modes de gouvernement.

16° Tables des logarithmes, tables des cubes de Barlow, etc.

Le nombre total des ouvrages distincts publiés sous divers formats par la Société, il y a quelques années, s'élevait à cent soixante-huit.

La Société avait aussi réuni les rapports de toutes les sociétés de secours, établissant, d'après leurs propres constatations, le nombre des maladies et des cas de mortalité pendant cinq années, et c'est principalement d'après ces données que fut écrit l'ouvrage de M. Ausell sur les assurances.

Postérieurement à ce travail, elle avait fait une enquête analogue sur la situation des associations d'ouvriers, et elle en avait publié le résultat avec diverses considérations sur les améliorations à introduire dans ces sortes d'utiles corporations. C'est à elle aussi qu'on doit leur transformation, sur différents points de l'Angleterre, en associations de conseils et d'assistance mutuels.

La Société avait retiré des bénéfices considérables de la vente de quelques-uns de ses ouvrages ; mais elle les avait appliqués, comme il a déjà été dit, à la publication d'autres ouvrages tendant soit à l'avancement de la science, soit à l'amélioration de la condition morale ou physique du peuple. C'est ainsi que la collection des lois constitutives de l'Empire Britannique, et plus tard une autre collection nombreuse de cartes célestes, furent publiées aux frais de la Société, sans vues aucunes de bénéfices.

(*b*) Le Conseil municipal de Rambervillers (Vosges), vient de voter la gratuité pour ses écoles publiques. La délibération est motivée sur des considérants extrêmement remarquables, et que nous sommes heureux de citer :

Considérant qu'il est d'ordre public, de l'intérêt particulier, comme de l'intérêt général, que l'instruction primaire, base principale de l'éducation, soit mise à la portée de toutes les familles ;

Que la gratuité absolue est le moyen radical d'arriver à ce but ;

Que si, pour quelques-uns, la rétribution scolaire n'empêche pas d'atteindre au résultat désiré, il faut néanmoins remarquer que, dans les villes d'une certaine population, il est bien difficile d'établir la ligne de démarcation entre l'indigence réelle, qu'elle soit apparente ou cachée, et les familles auxquelles une aisance, même relative, permet de faire de légers sacrifices pécuniaires ;

Que dans les populations agglomérées, comme celle de Rambervillers, non-seulement la classe pauvre est beaucoup plus nombreuse, mais que cette population comprend en outre nombre d'artisans, de petits employés et de faibles commerçants qui, par amour-propre, dissimulent leur gêne et s'imposent des sacrifices relativement considérables pour ne pas être rangés parmi les pauvres ;

Qu'en décidant la gratuité pour tous, sans distinction de classes, on sauvegarde d'abord l'intérêt pécuniaire du plus grand nombre, mais encore et surtout l'amour-propre légitime qui s'appuie sur un sentiment de dignité honorable ; et que l'on empêche en particulier, comme en public, cette démarcation fâcheuse que nos mœurs ne sont que trop disposées à établir en faveur de la fortune, même présumée ou apparente, au préjudice de la pauvreté digne ;

Qu'en admettant cette gratuité pour tous les enfants appelés à fréquenter les classes primaires communales, la ville ne s'impose en réalité qu'un sacrifice relativement peu considérable, puisqu'elle ne se privera que d'une ressource annuelle d'environ 700 fr. (montant des rétributions scolaires), pour une dépense effective de 8,500 fr., c'est-à-dire d'un douzième environ de ce que coûte la situation actuelle ;

Que, d'autre part, opérer ainsi dès maintenant, c'est aller au-devant des intentions généreuses et de la sollicitude éclairée du Gouvernement pour l'immense majorité des citoyens, rentrer dans le sentiment de l'égalité civile, et ôter par là tout prétexte à la négligence et à l'incurie des parents, qui, à l'avenir, ne pourront plus se retrancher derrière l'impossibilité pécuniaire ;

Par ces motifs, et après mûre délibération, à l'unanimité des membres présents.

Le Conseil décide, sous réserve de l'approbation de l'autorité compétente, qu'à partir du 1ᵉʳ janvier de l'année courante, la dépense de l'instruction primaire sera à la charge de la caisse communale pour tous les élèves de la ville qui fréquenteront les classes communales sans distinction de sexe ni d'âge ;

Toutes les familles indistinctement sont exonérées de la rétribution scolaire.

(c) Statistique de l'instruction primaire en Italie :

Habitants.		21,777,334
Hommes sachant lire	384,393	
Femmes. — —	708,995	1,093,388
Ne sachant ni lire ni écrire :		
Hommes.	7,889,238	
Femmes.	9,118,463	17,007,701

En résumé, sur une population de 1,000 habitants, 41 savent lire seulement ; 178 savent lire et écrire, et 781 sont complétement illettrés. Ceux-ci se répartissent ainsi dans les diverses contrées de l'Italie, en prenant toujours le chiffre de 1,000 comme point de comparaison :

Piémont. 573
Lombardie 599
Ligurie. 708
Toscane 778
L'Émilie. 803
Basilicate 912

Dans la Basilicate, les Calabres, la Sicile et la Sardaigne, plus des neuf dixièmes des habitants ne savent ni lire ni écrire.

Paris. — Imp. Dupray de la Mahérie, boul. Bonne-Nouvelle, 26 (imp. des Filles Dieu, 8). — 583.

www.ingramcontent.com/pod-product-compliance
Ingram Content Group UK Ltd.
Pitfield, Milton Keynes, MK11 3LW, UK
UKHW022347120726
13694UKWH00004B/1727